사진촬영_ 정대헌

하 병 연

길 위의 핏줄들

애지시선 090

길 위의 핏줄들

2020년 8월 10일 초판 1쇄 발행

지은이 하병연
펴낸이 윤영진
기획편집 함순례
홍 보 한천규
펴낸곳 도서출판 애지
등록 제 2005-000005호
주소 34570 대전광역시 동구 대전천북로 12
전화 042 637 9942
팩스 042 635 9941
전자우편 ejiweb@hanmail.net

ISBN 978-89-92219-91-4 03810

애지시선 090

길 위의 핏줄들

하병연 시집

시인의 말

일제 강점기, 6·25전쟁, 유신정권, FTA 세상, 농산물 직불제 시대를 거치면서

경남 산청에서 치열하게 求道者 길을 걸었던 아버지라는 남자

그리고 아직 그 길 위에서 쉬지 않고 걷고 있는 어머니라는 여자

이 시집을 아버지 故 하상근, 어머니 권정옥 님께 바칩니다

2020년 초여름 진주 가좌벌에서
하병연

■ 차례

제2부 그 반지를 할머니가 아버지 손에 꼬옥 끼워주셨다고 어머니는 말씀하셨다

제3부 타샤와 어머니는

제4부 어머니 평생 소원

〈일러두기〉

*본문에서 〉는 '단락 공백 표시'로 한 연이 새로 시작된다는 표시이다.

제1부
진달래꽃

서시

새벽 홀로 차를 끓인다
이제 막 눈 뜬 시간이 나를 본다
두 손 포개어 단전에 올린다
백회 연다
하늘이 가만가만 내려와 단전에 앉는다
고요하다
하늘 된 듯 높고 넓고 가볍다
이런 날에는 온종일 눈 뜨고 싶지 않다

산나물

산나물 보따리 들고
마금단에 동무랑 간다

울 엄마 좋아하시게

취나물 캐고
둥굴레 파고
고사리 꺾고
두릅 따고
머굿대 뜯고

한 보따리 이고 감나무골 간다

울 엄마 좋아 하시게

울 엄마 좋아 하시게

꼬무신과 핵조

아부지는 부엌 아궁이 앞에서
소나무 깔비불을 앞으로 끌어다가
검은 꼬무신 데우고 있다

초가 지붕에 눈이 와서 감나무골 하얗다

— 옥아! 핵조 가자아이
— 옥아! 옥아! 펴떡 핵조 가라이
— 아부지, 핵조는 가서 뭐한데요
— 바케도 춥고 조실도 추버요
— 니 핵조 안가모 순사가 와서 잡아간대이
— 얼른 이 꼬무신 신고 가래이

젊은 아버지는 윗저고리 안에서
작은 꼬무신 꺼내고 하얀 눈처럼
웃으며 서 있다

진달래꽃

진달래꽃이 감나무골 얻었다
소녀는 꽃이 좋아 꽃을 본다
헝겊 책보에 꽃을 담았다

나비야, 꽃 피었다
붉은 꽃이 피었다
청산아, 꽃 피었다
우리 함께 놀아보자
이 山 꽃 다 피우고
저 山 너머로 얼른얼른 가자

빨갛게 꽃 핀 책보 메고
나비 등 타고 팔랑팔랑 날아가자

초롱불

초롱불이 육남매 불러 앉혔다
얼굴마다 빨간 꽃 피웠다
할머니는 기름 닳는다고 빨리 자라고 하셨지만
우리는 잠이 오지 않았다
우리의 잠이 기다란 심지 속으로 들어가
까맣게 타 들어가고 있었다
온종일 꽁꽁 언 어린 것들이
그제서야 녹아내렸다

울 엄마 무명 저고리에

울 엄마 무명 저고리에
울 엄마 젖 냄새가 나
자꾸자꾸 엄마 옷고름 푼다

울 엄마 무명 저고리에
울 엄마 눈물 냄새가 나
자꾸자꾸 옷소매로 닦아낸다

울 엄마 무명 저고리에
울 동생 코 묻은 냄새가 나
자꾸자꾸 두 손으로 훔쳐낸다

외할아버지 결혼 조건

농사일을 모르던 외할아버지의 결혼 조건은
– 큰 집 장손이어야 하고
– 장손 중에서도 장남이어야 하고
– 성씨 중에서도 양반 성이어야 했다

국민학교 선생 중매도 마다하고
고르고 고르다 아버지한테 시집와서

……

어머니는 사는 게 힘들 때면
외할아버지께서 하신 말씀
"너거들은 편한 것만 좋아하나"에
돌팔매질을 해댔다

허기진 젊은 부부가 웅그리고 살았을 1960년대

못 먹고 살아 큰딸은 촌에 남겨두고

갓난 얼라 들쳐 메고 올라온 부산 살이

남자는 연탄공장에서 두 눈만 빠꼼히 뜨고

여자는 부둣가 얼라 들쳐 메고 김밥 행상으로

신혼이 신혼으로 불이 날 때

연탄은 19공 불로 제 몸 불태워 몸 뜨겁고

김밥은 가녀린 몸뚱아리 포개고 포개어 제 살 터진 줄 모르고

부산 선착장 밤바다 하늘 아래

허기진 젊은 부부가 웅그리고 살았을 1960년대

아비 유산

할아버지를 진골 산에 모시고 돌아온 아버지
마루청에 나자빠져
“내가 어찌 살라고, 이제 내가 어찌 살라고”
허공 말만 하셨다고 한다

아비 잃은 슬픔보다
남겨놓은 아비 유산이
더 슬펐던 젊은 아들

초상 끝나자마자 시작된 빚 독촉

아버지는 그때부터 지상의 다정多情과 멀어졌다고 한다

징조 할머니

일찍 홀로 된 징조 할머니

가뭄이 하도나 심한 어느 해에
도랑물 한가운데 홀딱 벗고 앉아
밤새도록 논에 물 댄 징조 할머니

그 물 먹이고 어린 새끼들을 키워낸
사람이라고
어머니는 말한다

사는 게 어렵고 힘들 때면
그 밤
홀딱 벗은
젊은 그 여자를 생각하라 한다

옥종 장

옥종 장에 가는 어머니와 아들
머리에 콩 보따리 이고

신작로길 걷고 걸어서
십리十里
배 타고 강 건너
십리十里

콩 팔고 사준
뜨끈한 풀빵 한 봉지

처음 맛본 아들은
세상에서 가장 맛있는 표정으로
엄마 입에다
풀빵 넣어준다

새마을 운동

1
아버지가 마을길 넓힌다고
동네 어른한테 빰 맞고 돌아온 날

엄마는 동네 구장질 내놓으라고 잔소리질하고
일본 사촌한테 돈 돌려주라고 소리치고

목이 쉰 아버지는 말없이
밥상 물리며

흠, 흠, 흠

밖으로 나가 버린다

2
동네 처음으로 전기불 밝히자
모두 박수 치고 환호하고 놀라고

이제 새 세상 밝았다고
천지가 개벽했다고
얼싸안고 춤추고 신기해하고

희망이, 작은 희망이

동네 사람들 가슴속에서
환한 백열등불 켜지기 시작했다

3
미쳐야 미친다고 하였던가!

모두들 미쳐서
새마을 한다고 미쳐서
눈에 불 켜고
몸 아픈 줄 모르고
모두들 미치고 미쳐서

서로 작은 힘 보태고 보태
헌 마을을 새 마을로 바꾼
새마을 운동

알사탕

옛날 옛적
품앗이 모내기하던 시절
국시 새참에 딸려 나온 알사탕
어린 여자의 주머니에 더 어린 자식들이
알처럼 박혀
낮 동안 아픈 허리를 굽힐 때마다
맨살을 눌렀을

미소 ^^

미소 ^^

미소 ^^

기억나는 저녁

젊은 여자가
고양이를 자루에 넣고
커다란 돌로 눌러 놓은 도랑물이
기억나는 저녁이다

검은 고양이가
차가운 물속에서 발광하던 울음이
기억나는 저녁이다

어쩔 줄 몰라 당황해하는
시퍼런 물의 얼굴이
기억나는 저녁이다

어둑한 방 아래
병들어 깡마른 남자가
고양이 몸통을 뜯어 먹던 저녁이
기억나는 저녁이다

〉

거기 한 쪽 방구석에 처박혀
고양이 눈처럼 웅크리고 있던
어린 아이의 슬픈 눈이
기억나는 저녁이다

비밀 하나를

나에게도 말 못 하는 비밀 하나 있어
대나무 숲에 가서 말해 버릴까
물 흐르는 덕천 강가에 가서 말해 버릴까

젊은 아버지 병들어, 병이 들어와
자리에 누운 지 10년
하루는 작은방 쪽문 뒤에
비닐로 싸고, 싸고 또 싼 농약병 하나
몰래, 몰래 숨겨 둔
목숨 하나

어린 아들에게 들키고 만
빨건 대낮에 들통이 난

"뭐 하세요" 라는 짧은 말에
화들짝 놀란 아버지 손
〉

그날 이후, 그 독한 농약보다 더 독한

아버지로, 다시 지아비로

일생을 산

나의 아버지

아버지라는 사람

고구마 국밥

커다란 무쇠솥에
식은 밥 한 덩어리
김장 김치 두 쪽
큰 멸치 한 주먹
고구마 한 바구니
대파 한 쪽
물 다섯 바가지
넣고 끓인
고구마 국밥

마른 장작불로 무쇠솥 뚜껑이
딸깍딸깍 소리 나도록
끓인 고구마 국밥

엄마는 공중 김을 헤치고 국밥 푸고
제비새끼처럼 두레 밥상에 모여
기다리는 어린 여섯 자식들

〉

잎 다 떨어진 감나무가 보이는
햇볕 잘 드는 대청마루

숟가락에서
입에서
그릇에서
펄펄 김이 나는

따신 오후 한낮

아버지 병이 들어

아버지 병이 들어 엄마 마구 때리고
엄마는 죄인처럼 잘못했다고 빌고 또 빌고

아버지 병이 들어 개처럼 미쳐 날뛰고
엄마는 더 미친 개처럼 발목 잡고 늘어지고

아버지 병이 들어 부엌칼 들고 설치고
어린 나는 울며 아부지 쪽으로 악다구니 치고

아버지 병이 들어 살림 그릇 깨부수고
동네사람들 달리고 달려와 말리고 말려

아버지 병이 들어 속 짐승 가라앉자
신경안정제 먹이고 겨우 겨우 잠 재우고

제2부
그 반지를 할머니가 아버지 손에
꼬옥 끼워주셨다고 어머니는 말씀하셨다

풀과 어머니의 끝없는 싸움에서

어머니는 일평생 풀을 잡았다

호미로 긁고
낫으로 베고
손으로 뜯고
제초제로 뿌리고

어떤 원수가 졌는지
새벽부터 저녁까지 풀을 잡았다

풀 보고는 가만히 못 있는 사람이라고
풀이 원수라고
풀 있으면 곡식 안 된다고
풀 있으면 뱀이 나온다고

이 끝없는 싸움에서 누가 이길 건지
몹시 궁금해지는
여름날 저물녘

쑥국

봄 되면 내 속에서 메마른 땅거죽 뚫고 쑥은 올라오는가 보다

세상 오방五方에 갇혀 어디로도 가지 못하고
마음 한 뼘이 햇빛 한 자락으로도 뻗어나가지 못할 때
젊은 어머니는 쌀뜨물에 된장 풀고 마른 멸치 넣고 갯묵 넣어 쑥국 끓인다
딸깍딸깍 솥뚜껑이 뜨거운 몸 풀면 집안 가득 퍼지는 지상地上의 봄
이것은 어머니 냄새 같고 또 어머니의 어머니, 그 어머니의 어머니 냄새 같고
지상으로 따뜻이 내려오는 봄 햇볕의 발가벗은 속살 같고
그 냄새 속으로 내 영혼이 첨벙첨벙 빠져들어 갈 때 쯤

"애야, 이 국 묵고 기운 채리거래이"
"봄쑥은 약쑥인께 얼른얼른 나을끼거마"

〉

바짝 말라버린 논바닥처럼 아픈 나를 바라보며 밥상 들이는 어머니

봄 되면
그때 쑥이 내 몸 어딘가에서 자라 나를 키우고 있었는가 보다
아직도 내가 이렇게 들쑥처럼 푸르게 자라는 것 보면

산 밑 할매 굿이

축담 마당에
우주의 한 소리들을 계속 읊어대는 산 밑 할매

머리 위에서 쨍깡쨍깡 식칼 부딪혀
흰 쌀을 마당에 팍팍 뿌려
푸른 청대로 온몸에 착착 물 뿌려

귀신과 조상과 신령과 그리고 산 사람과 합일하는 굿판

정지 살강 위 배추처럼 시들어가는 어린 자손
달래는 장고와 내쫓는 꽹과리로
잘라내고, 불러내고, 씻어내어

잘못 길든 병을 노란 부적 속에 집어넣고
불 태워, 불 태워 바람에 날려버리는

영문도, 병도 모른 채 두 눈만 껌벅이는 어린 자손

누에

진골 뽕밭은 뽕잎이 주렁주렁
지게에 뽕잎 나르는 아버지는 땀범벅
사랑방 잠실에서 누에 치는 엄마는 꾸벅꾸벅

큰 누에는 아버지 먹고
작은 누에는 엄마 먹어
모두 다 토실토실 잘도 크지

국시봉 고오메 밭

아버지는 나무지게에 옹고바리 얹고 헛간 거름을 가득
실었다
똥 닦는 듯한 자세로 땅만 쳐다보고
지게 작대기를 양 손으로 포개어 잡고
가다가다 풀썩 주저앉을 것 같은 걸음걸이로

한 발

한 발

한 발

겨 우

겨 우

겨 우

〉

내디뎌

깔끄막길 오르는

아버지의 국시봉 고오메 밭

아버지는 숲촌 아재를 부르라고 했다

모내기 하다 새참이 와서
국수와 막걸리 그리고 배추김치

아버지는 숲촌 아재를 불러라, 했다

저기 멀리멀리, 가물가물 보이는 숲촌 아재

"아재"　　"아재"
두 손 나발로 목 터져라 불러도 대답 없는

"어이"　　"어이"
손짓으로 막걸리 마시는 아버지

그제야
숲촌 아재 그 멀리서 사부작사부작 걸어와
막걸리 잔 들며
어린 애가 논두렁 풀을 참말로 잘 베었다고
칭찬에, 칭찬을 하였다

담배

남에게 돈 빌리지 않으려고 어머니는 담배 시작하셨다고 하셨지
형제간에 돈 빌리지 않으려고 어머니는 밤새도록 담배를 손에 놓지 않았다 하셨지
담뱃잎 한 잎, 한 잎 딸 때마다 대학 등록금 한 잎이 자라났다고 하셨지
그 덕분에 아버지는 골초 되어 평생 담뱃잎 속에 살게 되었지
그러거나 말거나 어머니는 담배 때문에 우리가 살았다고 자주 말씀 하시지
고맙고 고맙다고 하시지

왕겨숯을 만들다

왕겨를 양철 굴뚝대통 주위로 쌓고 쌓아
경주 왕릉처럼 신비롭게 둥글게 쌓아 올리면
아버지는 속불을 켜 왕겨 무덤 태운다

담배 농사 시작은 우리집 앞마당

왕겨를 흰 재처럼 다 태워 버려도 안 되고
왕겨를 설익은 밥처럼 반쯤 태워도 안 되는 법

아궁이 불처럼 활활 타는 잉걸불도 아닌 것이
확 타오르다가 꺼져가는 짚불도 아닌 것이
한 이틀 밤낮으로 서로 몸이 앵겨 붙어
몸이 몸에 붙은 불씨로 몸을 태우는
흰 연기를 밤낮으로 내뿜으며
꺼질 듯 꺼지지 않는
사랑 불
〉

불이 클라이막스에 와 벌겋게 달아오를 즈음

착, 착, 착

아버지는 바께스 찬물로

그 불 끄고

잘 익은 왕겨숯 완성 시킨다

어머니의 흰죽

할머니 노환으로 3년 동안 집에 누워계셨지
식도가 좁아져 밥알 삼킬 수 없었지

어머니는 끼니마다 흰 죽 쑤어 드렸지

손목이 아프다 하셨지
손으로 쌀 밀어 죽을 쑤었지

끼니때가 늦다고
아버지는 그런 어머니한테 화를 내셨지

누구에게 말 못할 사정 있어
누구에게 속 탄 심장 꺼내 보여줄 수 없어

줄초상 치르겠다고
외삼촌들은 안타까워하여도
〉

가마솥에 깨부순 쌀을 안쳐 죽을 쑤었지

아버지는 할머니가 죽을 못 드시는 날에는
밥을 도통 드시지 못했지

그 반지를 할머니가 아버지 손에 꼬옥 끼워주셨다고 어머니는 말씀하셨다

할머니 금반지 잃어 버려
손가락 같은 금반지 잃어 버려
장롱 속 옷가지, 이불에서 찾고
베개 속 따서 찾고
화장실 가서 찾고
마당 가서 찾고
아궁이 가서 찾고
하수도 수챗구멍 가서 찾고
찾다 찾다 못 찾고 결국 돌아가셨다

하루는 어머니 남새밭에 가서
호미로 땅 파다 찾은 금반지

할머니 무덤 앞에서
살아생전 당신 서운함 달래드리려고
금반지 함께 묻어 드리려고 하였는데
어떤 생각이 순간 떠올라

그 금반지와 집에 있던 다른 금붙이 녹여
반짝반짝 새 반지 만드셨다

그리고는 그 반지를
할머니가 아버지 손에 꼬옥 끼워주셨다고
어머니는 말씀하셨다

모자母子가 말없이 풋사과 먹는 밤

낮 동안 베어낸 인초*를
어린 아들과 인초물에 담그는 밤

보름달은 뜨고
몸은 따갑고

모자母子는 서로 말없이
자기들 키보다 훨씬 큰 인초 쌓는다

한 경운기, 두 경운기, 세 경운기 ……

빈 논 두둑이 인초로 가득 쌓일 때쯤

젊은 엄마는
밭에서 풋사과 몇 개 따서
어린 아들에게 건넨다
〉

모자母子가 말없이 풋사과 먹는 밤

보름 달빛은 인초물과 함께 우걱우걱 아래로 흘러내리고

배를 채운 모자母子는
다시 달빛 젖은 인초 쌓는다

* 일본 다다미 제조에 사용되는 골풀의 일종

옴마 찾아 삼만리

우리 아버지 별명은 '옴마'

나락 논에서 일하다가 허리 아파 일어설 때에는 '옴~~~ 마'
새 다리처럼 야윈 다리에 쥐가 날 때에는 '옴마, 옴마, 옴마, 옴마, 옴마'
초저녁 곤한 잠에 취해 엄마 부를 때에는 '옴 마아아아~'

지게에 한 짐 지고 허리 일어설 때에는 '옴…마'

팔십 고개 넘고 넘은 아버지의 옴마 찾아 삼만리

이제나 저제나 언제 옴마 만나시려나

딸기 농사

사람이 바로 먹는 데 어떻게 농약 치냐고
아버지는 병든 딸기를 하염없이 쳐다보고 쳐다보기만 했다

흰가루병이 들어 하우스에 흰가루 날아다녀
나는 흰가루 든 딸기를 따고 따서 버렸다

딸기 딸 것 없다고 올해도 딸기농사 헛농사라고
이렇게 지을 바에는 하우스 그만 접어야 한다고

어머니는 어린 나에게 몇 번이나 말했다

술도 못하는 아버지 술에 취해

술도 못하는 아버지 술에 취해
술에 취해

비 오려고
하늘은 꾸물꾸물거리고

술도 못하는 아버지 술에 취해
오고 가는 사람 술 권해

단성 묵곡 깽변 자갈 위 인초는
누가 걷어서 경운기로 실어 갈런가

이모부가 형님 이러면 나는 간다고
으름장 놓아도

술도 못하는 아버지 술에 취해
술에 취해

〉

신라의 달밤을 부른다
“지나가는 나그네야
걸음을 멈추어라”

하늘에서 비가 오려고 하는데
신라의 밤 노래 부르는 아버지

아버지의 방천

진골 골짝 논에 방천이 나서
아버지 방천 쌓는다

진주성 성벽 같은 방천

큰 돌 앉히면 작은 돌로
둥근 돌 앉히면 모난 돌로
납작돌 앉히면 강돌로

생김생김 모두 다른 돌이지만

공구고
찡구고
박아넣고
채우고

쓸모없는 돌 하나 없이

모두 모두 한 몸 되어

완성된 아버지의 방천

배추 사세요

트럭 한가득 실린 배추 더미

배추 사세요

배추 사라는 그 쉬운 말 못하고

배추 사세요

배추 들어 보이며 그 흔한 웃음 짓지 못하고

누가 볼까봐 자꾸 주위 둘러보고

멋쩍어 가만 서 있기도 불편해 보이는

배추 사세요

배추만 만지작거리는

속엣말만 계속 되뇌이는

트럭 배추보다 더 시들어 보이는

늙은 노부부의

배추 사세요

제3부
타샤와 어머니는

똑 뿔라지게

살다보면 똑 뿔라지게 말하지 못할 때 많지
숨도 숨고
심장도 숨고
입도 숨고
하루, 이틀도 숨는 말
그럴 때마다 발끝에서 올라오는 어머니 말씀
"애야, 똑 뿔라지게 말 하거라"
'똑 뿔라지게'라는 말이 불꽃처럼 화르륵
피었다가 져버려야 하는데
살다보면 똑 뿔라지게 말하지 못할 때 많지
그럴 때마다 허공 끝에 나앉아 있을 때 많지

어머니 사변 이야기라는

전쟁 사변이 나
젊은 여자 잡아간다고
헛간 시렁에 장작더미 쌓고
그 안쪽에서
도둑고양이처럼 웅크리고 살았다는

굴뚝 연기 날까봐
질화로에 냄비 밥을 해
그 밥을 물에 말아
김치 하나 없이
고양이밥 먹었다는

전쟁 사변이 나
하늘에는 비행기 날아다니고
먼데서 몇 날 며칠 총소리 나고

간이 콩알만 해서

몸이 콩알보다 더 작았다는
어머니 사변 이야기

먼 고조선 전쟁 같은 이야기

참 먼, 그 먼 이야기가
어머니 사변 이야기라는

어머니와 뱀

"독사 한 마리 죽이면 사람 한 사람 살린다"는
어머니 말씀

뱀이 무서워
뱀은 무서워

어머니 논밭은 깨끗하다
낫으로 풀 베고
제초제로 풀 죽인다

풀밭에서 흐물거리며 기어나오는
뱀, 뱀, 뱀

우리 집 가난보다 더 무서운
뱀, 뱀, 뱀

어머니의 어머니, 그 어머니의 어머니

뱀, 뱀, 뱀

오늘도 어머니는
혀를 낼름거리는 뱀을
내 안에서
내쫓는다

큰 소리 뻥뻥

어머니 18번 곡은 큰 소리 뻥뻥
언제나 아버지 앞에서 큰 소리 뻥뻥
아버지는 이 노래만 나오면 멋쩍게 웃고
굽은 곱사등 춤을 추며 큰 소리 뻥뻥
한쪽 구석에서 박수치는 아들, 딸들도 큰 소리 뻥뻥
한 잔 걸친 삼촌은 형수 부둥켜안고 큰 소리 뻥뻥
신이 난 사위들은 하늘로 손가락질 해대며 큰 소리 뻥뻥

결국 노래는 이렇게 끝이 난다

오늘도 큰 소리 뻥뻥 칠거야*

* 송대관 '큰 소리 뻥뻥'

뜬 모

멀리서 보면
모든 모가 잘 심어져 있는 걸로 보이지

직접 논에 들어가서 허리 굽혀 보면 보이게 되지

뿌리 심어지지 않아 물 위로 떠오른 모
너무 깊게 심어져 물속에 잠긴 모
몸 전체가 흙에 깔려 뭉개진 모
심어야 할 자리에 심어지지 않은 모
병 들어 시들시들한 모

농부들은 이런 모들을 뜬 모라 부르지

누군가의 손이 꼭 필요한

비 설거지

비 오려나

비 설거지

길가 늘어놓은 나락 포대 담아, 비 설거지
장작더미 위 토란 줄거리 봉지 넣어, 비 설거지
빨간 고추 바구니 담아, 비 설거지
마당 텃밭 비료 비닐 덮어, 비 설거지
마당가 달구새끼 닭장으로, 비 설거지
빨랫줄 빨래 후딱 걷어, 비 설거지

말도 없이, 생각도 없이
내리는 비처럼 바빠지는

잔디 농사

비료 주고
풀 매고
깎아 주고
농약 치고
물 주고
기른 우리집 잔디

지금쯤 어느 골프장에 뿌려내려
골프공에 머리 맞고 있을까?

한톨의 비료

한톨의 비료는
열톨의 사람
백톨의 기계
천톨의 자연
그리고 만톨의 시간

한톨의 비료는
한 스푼의 쌀밥
한 조각의 김치
한 마리의 멸치
그리고 한 사람의 나

고추장 닭볶음

한창 크는 애들은 한 번쯤 고기 포식 해주어야 한다고 덕산 장에 가서 폐계 댓마리 사 들고 저물녘 버스 타고 집으로 돌아오는 수고로움이여

닭 모가지 비틀고 가마솥에 물 끓이고 닭털 벗기고 내장 끄집어내는 수고로움이여

푸주칼로 적당한 크기로 자르고 몸에 붙은 기름기 자반칼로 도려내고 손으로 떼어내고 가마솥에 찬물 붓고 닭 넣고 다시 살짝 삶아내어 고기 건지는 수고로움이여

고추장에 매실청에 왜간장에 설탕에 된장에 찐마늘에 청고추에 붉은고추에 깨소금에 참기름에 버무린 양념장으로 고기 재여놓는 수고로움이여

큰 냄비에 물 붓고 감자 넣고 대파 넣고 닭 넣고 물 졸아질 때까지 끓이고 볶아 드디어 완성되는 고추장 닭볶음 수고로움이여

타샤와 어머니는

타샤는 꽃을 키워 타샤 정원 만들었다
어머니는 곡식 키워 어머니 정원 만들었다

타샤는 튜울립을 길렀지만 어머니는 마늘 길렀다
타샤는 아이리스를 길렀지만 어머니는 들깨 길렀다

타샤는 꽃으로 행복했지만 어머니는 밥상으로 행복했다
두 분 모두 땅을 행복하게 만드는 흙 손 가지고 있었다

햇빛 따신 어느 오후, 이유와 까닭 있는 사과나무 싸움

사과나무 한 그루 윗담 논에 심고 3년 만에 처음으로 사과 열렸지. 세 개가 올망졸망 보기 좋았지.

아직 자라지도 않은 사과 왜 따왔냐고 역정 내고, 새가 날아들어 사과 찍어먹어 따왔다고 이유 대고, 사과가 한창 더 커야 하는데 지금 따면 어떻게 하냐고 고함 치고, 나도 따고 싶어 딴 게 아니라고 항변하고, 아니 이런 하찮은 일에 싸움 한다고 아들 투덜 짜증 내고, 이 조그마한 사과 먹어서 배부를 것 같냐고 오만 인상 찌푸리고, 첫해는 사과 따주어야 나무가 잘 큰다고 이유다운 이유 대고, 그럼 나무 키우려면 감나무 감도 다 따야겠네 하며 밥상에 숟가락 던지고, 제발 그만들 하시라고 아들 목소리 커지고, 나무 베어 버리라, 버럭 소리 지르다 밖으로 나가버리고,

사과 깎아 아들에게 건네는 어머니, 맛이 들었네 하며 사과 한 조각 씹어 먹는 아들. 햇빛 따신 어느 오후, 이유와 까닭 있는 사과나무 싸움.

길 위의 핏줄들

해마다 일본거류민단 달력 와서 동네 안방마다
한복 입은 이 땅의 고운 여자 들였다

고향에 학교 짓겠다는 종조 할아버지 설득하여
숯공장에서 빠징고로, 당신 피멍 팔아 번 돈으로
동네 전기며 수도시설 놓았다

진주 호텔에서
할아버지 같은, 아버지 같은 핏줄로 앉아있었던
한국말이 자꾸 잊혀진다며 무안해 했던 당숙

당숙 돌아가셔서
고향 동네 주소 하나 들고 찾아왔던
재종형제와 재종질 그리고 회사 직원들
길가에서 단박에 아버지 알아보고
계속 눈물 흘렸던 나의 뿌리들
〉

말은 통하지 않아도 따뜻이

서로 몸을 껴안았던 길 위의 핏줄들

동치미

무시를 깨꺼치 씻어 무시 우에 소금 쬐끔 뿌려 하루밤 재워야 되

그래야 소금이 무시에 빼이거던

그래가꼬 장도가지에 무시 넣고 물 충분히 붇고 양파 몇 개 넣어야 시원해

마늘은 잘잘하게 쪼개 썰어 가꼬 헝겁띠 망에다 쌓야되

망에다 생강도 썰어 넣고 청각 이따 아이가 청각도 조금 씻어 넣고

풋고치 넣고 그러하모 되 별거 아이라

배가 있으모 배를 서너개 반튼씩 쪼개 넣으면 더 시원해

이것이 끝이라

담기도 수울코 소화도 잘되

동치미 없으모 겨울내도록 못산다 아이가

머시던지 음식은 밑천이 들어가야 맛싯지 지아무리 뭔 소리해도

밑천 안 들어가모 안 되

해 먹는기는 내 따라올 사람 없다

밤실 할매가 그렇게 잘 해묵어도
"니는 우찌 그렇게 맛싯게 싱건김치 담그네" 하고 말한다 아이가
아파트에서 담가 묵을 때에는
쬐금씩 담가 묵으면 되
별거 아이라

고마우이, 하박사

내가 못 배워 평생 한이었는데 니가 참몰로 고맙다. 고마우이, 하박사. 내가 너거들 갈치려고 뼈가 가루 날 정도로 일했는데 일한 보람 있다. 울 집안에 박사가 나왔으니 니한테 고맙디 고맙다. 공부하니라고 욕봤다. 낮에 직장 다닐라제 밤에 공부할라제 얼매나 힘들었노. 내 이제 죽어도 조상 볼 면목은 섰다. 서부 치다리 하씨 집안에 박사가 나왔으니 조상들도 기뻐할끼다. 고맙디 고맙다. 오후에는 잠깐 할머니 할아버지 산소에 갔다 와야겠다. 니 책이나 하나 조라. 책장 하나 하나 보여드려야것다. 앞으로 헛된 일에 힘쓰지 말고 박사답게 살거라. 내 못 배워 평생 한이었는데 박사 따줘서 고맙다. 고마우이, 하박사

장섭이

어머니, 아버지한테는 의형제가 있어
그 분 성함은 장섭이

"장섭이 내외가 단성장에서 자꾸 돼지국밥
한 그릇 하라고 해서 뿌리칠 수 없어 묵고 왔다"

의형제 분이라면 나에게는 작은 아버지이신데
작은 아버지보다는 장섭이가 더 어울릴 것 같은

장섭이, 꼭 오래된 친구 같은
장섭이, 그냥 꼭 안아보고 싶은

어머니, 아버지한테는 의형제가 있어
그 분 성함은 장섭이

아버지 남에게 농사 내어주고

아버지 남에게 농사 내어주고
우리 논이 제일 잘 보이는 동네 회관 뒤에서 우두커니로 앉아있고
우리 논이 제일 잘 보이는 옥상 올라가는 계단에서 우두커니로 앉아있고
우리 논이 제일 잘 보이는 동네 정자나무 아래에서 우두커니로 앉아있고

아버지 남에게 농사 내어주고
동네 길 위에서 딸딸거렸던 경운기도 서 버리고
번답, 동뫼거리, 서지 논 갈았던 트랙터도 서 버리고
십년 넘게 우리 논에 모 심었던 이앙기도 서 버리고
비료 살포기는 아예 창고 구석에 처박히고

아버지 남에게 농사 내어주고
논길을 나풀나풀 잘도 걸어 다녔던 사람이 잘 걷지도 않고

밥 한 그릇 뚝딱 드셨던 양반이 밥 한 그릇도 못 비워내고
친지 가족들 모이는 날에는 한 가락 하셨던 분이 노래도 하지 않고

아버지 남에게 농사 다 내어주고
아버지는
아버지는
아버지 길을 잃어버렸거나
길이 아버지를 놓아버렸거나

마지막 제사

어무이 아부지, 이제 이 몸이 늙어 더 이상 이 집에서 제사 못 모십니더, 내자도 몸이 안 좋아 걸음 걷는 것도 심이 들고, 삭신이 아푸다 함니더, 여태껏 저 힘닿는 대로 한다고 했는데 서운함 있으모 풀어삐고 마이 자시소, 돼지 괴이도 있고 생선도 있고 떡도 있슴니더, 우짜던 마이 자시소, 내년부터는 서울 사는 큰아들 집에서 모시니 그리 알고 계시이소, 저도 마니 서운하지만 몸이 허락을 안 합니더. 아들하고 며누리가 잘 할낍니더, 여기 고오메 찌짐도 자셔 보시고, 저기 나물도 자셔 보이소, 마니 자시소, 살아생전 배 마이 곯았을 텐데 마니 자시고 우짜던지 자손들 잘 되게 해 주이소, 어무이 아부지, 내년부터는 서울 큰아들 집에서 모시니 꼭 그리로 가이소, 이번이 이 집에서 마지막 제사입니더, 그리 아시소

산청양반, 돌아가시다

올해도 어김없이 봄은 산청에 와서
가시 박힌 두릅나무 끝에 두릅 순 올라오고
딱딱한 땅바닥에 숨어있던 고사리 몸통 올리고

올해도 어김없이 봄은 산청에 와서
매화꽃 피었다 진 자리에 매실 들어와 살고
진달래꽃 피어 산벌들이 날아다녀 앞산 붉고

올해도 어김없이 봄은 산청에 와서
아직 땅에 뿌리내리지 못한 어린 고추 자라고
소나무는 저 세상 너머까지 송화 가루 날리고

올해도 어김없이 봄은 산청에 와서
서지 웃담 부처새미 물은 마르지 않고
산청양반 돌아간 강으로 흘러 흘러서 가고

은행나무

그는 은행잎 떨어지는 날에 나를 불렀네

가을은 떨어져내려 고궁돌담 위에 쌓이고
우리는 가만히 손을 잡고 술잔 기울이고
흘러간 역사를 이야기 하고 실없는 농담을 하고
간혹 분노를 얘기하고 여자를 예뻐하고

여기저기 피어났던 초록 자리 위에 얼기설기
들어앉았던 얼룩들이 쏟아져 내렸네
그 얼룩들을 데리고 낮이 흘러 저물고
또 저물고 저물어
그 저문 자리에 남은 우리는 다시 초원을 이야기 했네

그는 나에게 말했네
떨어져 내리는 것에 손 두지 말라고

그러나 그대여

자꾸 어깨 위로 떨어지는 이 어둠들을 다 어찌하리오

말없이
그대는 취하여
취하여 말없이

떨어지는
떨어지는
어둠 등에 가득 지고
은행나무 속으로 뚜벅뚜벅 걸어가서는

그대만의
그대만의
가을 완성하려고 했네

고랑

그는 늘 고랑과 함께 살았다

어린 그가 처음 만든 고랑은
그의 밥을 만들어 준
논갈개이었다

그러다가 차츰 고랑 수는 많아졌다

담배 고랑 만들어 자식들 가르쳤고
배추 고랑 만들어 밥상 차렸다
간혹 고추 고랑 깊게 파 용돈 만들기도 했다

그는 고랑 만들기를 멈추지 않았다
삽으로 만들기도 했고 괭이로도 만들었다
힘이 부치면 관리기로 했고 트랙터 잘하는 젊은이도 샀다
〉

그러는 사이 그의 몸에도 고랑이 생겼다
처음에는 손에만 생기더니 이내 얼굴까지 번졌다

그는 늘 고랑과 함께 살다가
마침내 그가 고랑 속으로 깊숙이 들어갔을 때
그의 일생 일대,
가장 높은 고랑 파기는 완성되었다

곡哭 소리가 내 몸 안에서 나오지 않았다

상가집에서
곡哭 안한다고 아버지
야단치셨다

“아이고”~ “아이고”~ “아이고”~

아버지 영정 사진 앞에

홀로

무릎 꿇고
아무리 머리 조아려도

곡哭 소리가

내 몸 안에서 나오지 않았다

제4부
어머니 평생 소원

어머니 평생 소원

내 이제 죽어도 한이 없다. 그런데 저 아를 보면 억장이 무너지고 창새가 다 탄다. 뭐할랏꼬 부산에 쳐내려가가 아만 벼려놓고 다 죄 많은 내 탓이다. 한 닢 벌어볼라꼬 갓난얼라 들쳐메고 초량 선창가 김밥 파니라고 아 아푼지도 모리고 반피처럼 그렇게 안 살았나. 아가 홍역에 걸려 며칠이나 열이 펄펄 나는데 그 의사 놈이 감기라 해 갓꼬 이불 쳐 덮어서 저렇게 맨들어삣다 아이가. 열이 얼매나 났섰껀노. 머리가 다 타뿌었을텐데 얼매나 아팠껀노. 아가 아파서 울어대는데 반피처럼 업어주기만 하고. 그것 땜새 아가 말도 못하고 듣지도 못하고. 다 내 잘못이다. 묵고 살라꼬 아한테 신경 몬써서 저렇게 되삣다 아이가. 평생 이 가슴뼈가 모두 뿔라지게 아팠다. 내 이제 죽어도 한이 없는데 내 죄를 우찌 다 가지고 갈런가 모리것다. 내 없어도 너거들이 누이 잘 돌봐주거라. 이것이 내 평생 소원이다.

오늘도 어무이는 다 큰 나에게 자꾸 갤추려고 드신다

단디해라

객지에 혼자 사니 개겁게 살지 말고 야물딱지게 살거래이

아침 일찍 일나서 이불 개비고 국을 빠끌빠끌 끼려서 꼭 챙겨 무거라

아침 무거야 쟁일 심이 있는데 니 안 무거모 큰 일 난데이

밥심 없이 그 힘 가아 회사서 일 모한다

날이 마이 찹다 옷 따시게 입고 댕기라이

가적끼 잇선께 집에 한번 댕겨가거라이

짐치 담가 났다

쌀도 냇끼 가져가고

우짜던 객지에서 단디해라

된장국이라도 따시게 해가아 밥 꼭 챙겨 묵고

사람이 깰받으모 안 된다

그만 딜 가라

날 찹다

단디하고

오늘도 어무이는 다 큰 나에게 자꾸 갤추려고 드신다

감자

삽짝 대문간에서 이모가 해거름에 들어올 것 같다는
새벽 부엌에서 딸깍딸깍 그릇 만지는 소리가 들린다는
하루 온종일 한마디 말 할 사람 없다는
그 사람 떠난 자리가 왜 이렇게 큰지 모르겠다는
어머니는 이모부 전화 애기를 오랫동안 하신다

너거 아부지도 하도 감자 좋아해서
밭으로 논으로 감자 많이 심었다고 하신다
김이 나는 감자를 설탕에 푹 찍어 자시기를 좋아하셨다고
어머니는 설탕에 찍은 감자를 나에게 주신다

나는 아무 말 없이 받은 감자 먹으면서
이모와 아버지 얼굴 떠올랐고
이모부와 어머니 말씀이 자꾸 우경우경 씹힌다

내년에는, 아니 내년에도

〉

서지 뒷논에 봄 감자 심어야겠다는 생각이

오돌토돌 감자알처럼 열린다

마늘

꽁꽁 언 땅속에서
아리고 아린 당신을 지상으로 올려
일생동안 꼿꼿하게 파란 촛불 켠

아버지

흑마늘

전기밥솥에 사흘 찌고
양지 바른 곳에서 나흘 말려 만든
흑마늘

온종일
햇볕에 그을린 까만 아버지가
내 속에서
나를
돌봐주신다고 나보다 더 바쁘시다

임이 심은 매화나무*

나는 그대 위한 사랑의 꽃 피울 수 없어요

텅 빈 하늘 속으로 매화 꽃잎 흩날려도
그 꽃잎들이 잔별 되어 그대 품속으로 스며도

산청 단속사지 삼층석탑이나 당간지주에 몸 기대어
수백 년 동안 피었다 지는 빛깔로

검은 꽃 피워 올린 그대 앞에서는
나는 차마 그대 위한 꽃 피울 수 없어요

임이 심은 매화나무

하늘 가득 그대 피고 진 자리마다
눈에 머금던 향기는 흐르고 흘러

나는 그대 뜨락 매화나무 한 가지로 남아

어느 날 휘파람새 한 마리 포로롱 날아들면

그대인 줄 알고 마구 벙그는 수없는 나를
이승의 따뜻한 봄날이라 여겨주어요

* 들소리 '임이 심은 매화나무' 연주곡을 듣고

논

— 12월

독새풀을 본 것은 오래 되었다
몸 낮춰 독새풀을 바라본 것은
독새풀을 갈아엎고 봄 물꼬를 튼 후
딸 둘 낳아 한참을 키운 후였다
삶은 늘 막막하였다
취해 굽이 걸어 들어오는 길은
언제나 주저앉고 싶었다
제 몸에 붙은 얼음을 녹여
목을 축이며
낮게 엎드려 사는 독새를 보고
노래라도 불러야만 했다
눈이 하나 둘 내렸다
길은 어두웠고
독새는 꼿꼿이 서서 흰 눈을 받아들였다
원망하며, 변명하며, 노래 부르며 집에 이르면
나는 한 마리 곤드라진 지푸라기
아내여, 나에게 손 내밀지 마라

빠끔거리는 두 눈에 뜨거운 눈물이라도 흘려
독새의 언 가슴을 녹여 주고 싶으니
이대로 뜨거운 나를 밤새도록 펑펑 쏟아내고 싶으니
아내여, 나에게 아무 말하지 마라

아버지,
구부정한 독새를 가슴에 얼어 붙이고
새벽 흰 눈을 말끔하게 치우신다

어머니는 항상 이렇게 말씀하셨다

애
야
풀
은
철
철
이
나
서
뿌
리
박
히
기
전
에
뽑
아
야
한
단
다

달리는 거리

불빛 속으로 달려가고 있어요. 하늘은 맑고요. 꽃은 피었어요. 바람은 불어 엉덩이를 때려요. 때리면 때릴수록 쏟아져 나오는 불빛들. 달려가고 있어요. 달려가고 있다니까요. 달리는 거리는 달리는 거리. 파닥이는 날개에서 꽃잎 떨어져 내려요.

달리고 달리다가 모퉁이를 돌 때쯤 나를 데려가세요. 나도 달리고 싶어요. 일상의 엉덩이에 채찍을 가해 달리고 싶은 걸요. 한 달음 너머로 또 한 달음 떼고 싶어요. 어이, 거기, 달리는 거리. 달아나는 거리. 같이 좀 달려요. 꽃도 벌써 온몸 진저리쳐 떨어져 내리는데 나도 심장 쿵쿵거리며 앞으로 달려 나가야죠.

멈출 수 없는 당신과 나의 거리. 헐떡거리는 구멍에서 세찬 소낙비 내려요. 언제나 젖은 것들끼리는 서로 달라붙어 있어요. 그러다가 꽃이 피어요. 착착 피어요. 탁탁 피어요. 당신과 나의 팽창과 수축의 맨 몸 위에. 어이, 거기, 달리는 거리, 달아나는 거리, 같이 좀 달려요.

담배 한 갑

담배 그만 피라는 소리도 이제는 얼마 안 남았을 것 같아
늙고 병든 몸에 담배 연기 들어앉을 자리 없어도
일본 여행 가서 일본 담배 한 보루 사다 처음으로 드렸다

그 담배 순하고 맛있다고 연신 자랑하셨는데
동네 친구들한테 일본 담배라면서 호기롭게 한 대 주셨다는데

동네 경로당 뒤편 볕바른 양지에서 홀로 담배 피워 물고
남에게 내어준 동뫼거리 나락 쳐다보았다고 하셨는데

아버지 돌아가시기 몇 주 전, 휠체어 탄 채 만개한 벚꽃 보실 때
아껴둔 일본 담배 한 갑이 집에 아직 남아 있다고 말씀하셨는데

그때 내가 철이 들었다면, 늦게라도 철이 들었다면

일본 담배 한 갑 사서 활짝 핀 벚꽃과 지상의 마지막 담배 한 대
피우시게 했어야 했는데

참교육

아버지 한자 공부하라고 많이 말씀하셨는데
나는 그때, 영어책 공부하여 밥을 벌었는데

아버지 한자 모르면 까막눈 된다고 말씀하셨는데
나는 그때, 한글 최고여서 한자 걷어 차버렸는데

아버지 한자는 우리 선조들의 생각이라고 하셨는데
나는 그때, 쾌쾌 먹은 생각 배워 뭐에 쓰겠냐고 쏘아부쳤는데

이제 그때의 아버지 나이만큼 먹은 나는

동네 비석거리 비문 읽을 수 없고
송정 할아버지 시문 읽을 수 없고
촉석류에 걸려있는 현판 읽을 수 없고
해동농서, 농사집요, 산림경제는 읽을 엄두 안 나고

서당 공부한 아버지는 자식한테 참교육 하셨는데
한 글자로 열 가지 마음 다 헤아릴 수 없어

학교 박사까지 한 나의 공부는

아버지 서당 공부보다 한참 못 미친다는 것을
나이 오십에 와 뒤늦게 깨닫는다

꽃

말간 얼굴을 한
부처여

당신 앞에 놓인 꽃들은 무엇입니까?
당신의 가장 속이고 싶은 얼굴들이 엎드려
시들고 있는 겁니까?

시들고, 시들고, 시들어
시든 얼굴들이 모두 떠나고 나면
그 마지막 자리에 남은 맨 얼굴은
어떤 꽃으로 엎드려 있습니까?

나는, 그 꽃에 절하며 다시 묻습니다

이 화창한 봄날,

희거나 붉거나 노란 얼굴을 한

문밖 꽃이
왜, 또, 다시 말간 절간을
공중에 내거는 까닭을

거북손

어린 나는 그게 싫었어. 밥 먹을 때에도, 잠 잘 때에도, 회초리로 나를 때릴 때에도 아버지의 오른손에는 언제나 흰 장갑이 끼워져 있었어.

아버지가 진주 병원에 서너 달 정도 누워 있었어. 엄마는 동네 사람들과 싸우고 듣도 보지도 못한 욕을 하기 시작했어. 낮에도 울고 밤에도 울었어. 경운기에 잘린 손가락을 살리려고 자기 엉덩이 살을 도려 손가락에 붙이고 그 손을 배 속에 넣어 살이 차오르는 수술을 했어. 아버지는 고통에 악다구니 쳤고 엄마는 병원비에 미쳐가고 있었어. 학교에서 돌아온 어린 나는 아무 말 없이 청마루에 철퍼덕 앉아 있는 멍한 엄마를 두고 마구간 소를 데리고 들판에 나가곤 했어. 얼굴이 길고 눈이 큰 우리집 소처럼 나도 눈만 껌벅거렸어. 흙마당에 요강단지처럼 엎어진 엄마를 보는 것이 정말 싫었어. 그 이후부터 아버지는 항상 흰 장갑을 끼고 흙에 악착처럼 몸 붙이고 농사일을 했어. 남은 손가락마저 뭉텅해질 만큼 농사를 했어. 그리고는 언제나 잘린 손가락이 시리다고 줄담배를 피워댔어. 흰 장갑을 끼고 국민학교 수학여행에 따라오기도 했어. 그런 아버지가 정말 싫었어.

그때의 아버지 나이만큼 나이를 먹은 나는 소리도에 와서 아버지의 손을 보고 말았어. 흰 조개도, 검은 조개도 아닌, 하루에 수천 번, 수만 번 파도치는 생의 바위에 몸 붙이고 사는, 꽉 붙잡고 있는 두 손을 놓아버리면 수십 길 낭떠러지에 떨어져 빠져 죽는, 그래서 온몸이 거북손처럼 갈라지고 불어터진, 바다, 따개비.

지금까지 아버지의 손을 잡아본 적 없었어. 오히려 아버지 손이 내 손을 잡을까봐 무서웠어. 거북손 하나를 가만히 손 위에 올려 놓았어.

어서 어서 자라렴.

우리 아버지 흰 장갑 속에 새끼손가락 없으시다

내 안의 바다

푸른 바다 품에서 물거품 이는 내 품으로
안겨오는 이는 당신이지요

당신이라면 조금만 더 깊이 들어오셔요
내 속에 바다를 가득 채울 수 있도록 말이죠

당신이 보고 싶어 참을 수 없을 때에는
바다를 내 앞에 펼쳐 놓아야 하니까요

오늘처럼 둥근 달이 뜨는 밤에는
내 안의 바다는 낮고 은밀한 해조음 내어요

이런 날에는 그리운 두 팔을 바다 깊숙이
쑤욱 집어넣지 않을 수 없어요

새마을 운동 기념비 세우고

아부지 보고 계시죠?

일본 할아버지 이름 새겨진 비석 옆에

아부지 비석 세워졌어요

많은 사람들이 박수를 보내어요

들리시죠?

산청 땅에서

아부지 하늘로 보내는

새마을 소리를

울진 소광리 금강숲길

태양은 암흑의 몸으로 수백억 년을 기다려
지금으로부터 45억 년 전에 비로소 꽃을 피웠다
이 우주에서 가장 뜨거운 심장을 가진 꽃,
하지만 구름이나 바람 한 점 같이 살 수 없는 가장 외로운 꽃
그러다가 이 우주에 1억 년 동안 작은 씨앗 퍼뜨렸다
그 중에서 발아가 가장 잘된 씨앗 하나

울진 소광리 금강숲길 따라 걸어갑니다

내 속에 잠자던 흰 나비
이제야 두 날개 펴고
금강송 꼭대기로 날아오릅니다

온몸으로 붉은 기운 감돌고 감돌아
백회 지나 인중, 천돌 지나 단전으로
다시 단전 지나 용천으로

구석구석 몸 밝히는 태양의 가느린 촉수

바깥만 보고 살았던 시간은 서서히 사라지고
또 다른 우주가 내 안으로 들어와 새 길 냅니다

걸음은 걸음으로 걸어서 닿을 수 없는 곳까지 가고
내가 닿은 곳은 청산青山의 고요한 나비 길

그러다가 ……

미소가…… 붉은 미소가…… 무수한 흰 나비 떼 이끌고
가느다란 태양 길 위로 한없이 올라갈 때쯤
어느덧 소광리 금강金剛 한 그루 바로 섭니다

포구나무

1

한 가지가 다른 가지에 손 내밀자
파도가 나무의 관자놀이 마구 쳐대요

2

그대를 보고 온 뒤로부터
내 안에 흐느끼는 가지 끝에서
붉은 노을 들어와 살아요
노을빛 비치는 언덕 위에는 포구나무 숲이 있어요

3

겁먹지 말아요

4

어둠이 파도처럼 몰려와요
저 별의 도둑 같은 어둠 다 숨겨줄 수 있는 숲으로
어서 빨리 숨어야 해요

5

매우 드문 일이지만 포구나무 숲에는 유자 향이 나요
땅속 깊이 숨어 사는 이가
나무 꼭대기 위에 올라 노랗게 익은 유자로 매달려요
바람 불면 그 열매 흔들거려 향이 더 짙고 짙어요

6

이제 몸에 붙은 이파리 모두 떨어뜨리고
온전히 벗은 몸으로 그대에게 가고 싶어요

7

포구나무 위에 불붙은 하늘 보여요
그 아래 작은 벌레처럼 사람들이 모여 살아요

8

바람 불면 붉은 꽃이 필 거예요

내 안의 붉은 밭이 활활 타오를 거예요
그 꽃이 그대와 나, 모두 다 태울 거예요

9
기다란 장어가 앞으로 나아가 푸른 바다 되 듯
그대와 나의 뜨거운 숨이 공중 하늘 되어요

10
나무로서 물에 순종함은 나무가 물을 따르는 것인데
물은 담아낼 수 없는 흐름으로 나무 속에서 흘러요

11
나무는 세상의 폭정만큼 많은 팔을 벌리고 있어요

12
속절없이 온몸에 열매 매달려요
어찌하죠?

이 열매 다 떨어지고 나면
저 바닷물이 다 말라버릴 것 같은 데……

13
겁먹지 말아요

14
이미
젖은
그대와 나 사이에
이 바다 별들이 자라고 있으니까요

화태도*에 가서

봄 햇살 속에 시린 몸을 데우는 당산나무를 보고 있습니다

수천 년 하늘 아래 큰 몸을 둘렀던 금줄도 없습니다

봄바람이 해변 끝에서 따뜻한 등이 되어 불어오니 이보다 반가운 손님도 드물겠습니다

작다란 이파리는 아직 피지 않았습니다

여보세요, 거기 안에 계시는 곳은 꽃 피었나요?

매화꽃이며 도화꽃 피었다면

나도 당신 속으로 들어가 한 백 년 동안만 흰 나비로 살아도 될런지요

흰 날개를 접었다 펼치면 아름다운 꽃이 피었다 지겠지요

아무래도 떨어지는 꽃잎을 당신처럼 받아 안으려면 작은 연못 하나는 파야겠어요

그 둘레는 작고 큰 돌멩이들로 마침맞게 쌓아 올려야겠

어요

우리가 꽃 피우며 노닐 자리는 이미 보아두었습니다만
누구에게 들킬까하는 작은 염려가 일어나기도 합니다

그러하여 여쭙나니
아무도 모르게, 아무도 들리지 않게, 조용히 은밀히 여쭙나니
여보세요, 거기 안에 계시는 분, 꽃 피었나요?

* 화태도: 전남 여수 돌산도 근처에 있는 섬

이 저녁 음악

배추밭에 서리 내려
이 저녁 음악 틀고 앉아
서리 속에 배추 발 시리는 소리 들리는 것 같아
귀를 가지런히 모으고
두 눈 감아
내 안을 조금조금 다녀보면
파도는 일 초, 이 초, 삼 초
일었다 지고, 다시 일었다 지고
이런 것들을 외면할 수 없어
다시 들여다보고
들여다보고 있노라면
내 속은 간장게장 속처럼 검고요
내 발은 돌게 발처럼 뾰족하고요
내 등은 꽃게 등처럼 딱딱해요
딱, 딱, 딱
누군가 망치로 내 등을 내려쳐요
누군가 내 속을 후벼 파요

누군가 내 몸뚱아리 빨아요
바닥에 흥건히 어지러져 있는 나를 보고
나는 나를 놀라지만
이내 나를 흔들어
내 속에 흘러 다니는
검은 물을 끄고
검은 음악을 끄고
검은 나를 꺼요

숨죽여
모두를 지우고 나면
세상은 맛있게 깜깜해져요

전어

가을 태풍 오자 엄마 아빠는 필사적으로 내 몸 물었다

비바람 지나간 후 만신창이 몸 이끌고 먼 바다로 나아갔다

커다란 그물이 엄마 아빠를 가두자 엄마 아빠가 소리쳤다

"애야, 멀리 도망쳐라"

"도망쳐"

홀로된 나는 엄마 아빠 잡혀간 자리에 맴돌고 있는데

육지에서 고소한 냄새가 불어왔다

횡간도 후박나무를 바라보다

밤새도록 나무들은 생각의 잎으로 무성히 피었다가 새벽녘에는 까닭 없이 우수수 떨어져 내렸습니다. 나무들이 이 우주 속에서 집 한 채 짓고 허무는 까닭 하나쯤은 알 듯도 합니다만 나무들이 나를 뚫고 자랄 수 있도록 백회百會를 열어두는 새벽녘입니다. 이 우주에서 사람 안에 나무 키우는 어떤 분이 계시는 듯 내 속에서도 나무줄기 속 맑은 물처럼 횡간도 후박나무 숲 푸르게 섰습니다. 짙푸른 이 나무를 천지기운天地氣運이라 할지, 먼 조상이라 할지, 아님 바다라 할지, 다만 여전히 바라만 볼 뿐입니다. 내 몸에서 아래로 뻗어나가는 뿌리 바라보듯 위로란 사람의 말로 받는 게 아님을 바라봅니다. 스승은 사람 위의 사람이 아님을 바라봅니다. 깨우침은 용맹정진 함이 아님을 바라봅니다. 다만 당신이 나를 바라보고 바라보는 것처럼 바라보고 또 바라봅니다. 생활의 캄캄절벽도 바라보고 바라보면 언젠가 위로도 오고, 스승도 오고, 깨우침도 오겠지요. 삼백년이 지나 오늘 새벽녘에야 횡간도 후박나무가 내 속에 와서 나의 새벽 명상을 바라보듯이 말이죠.

차를 마신다

차를 마신다
찻물 속에는 아버지 마디 굵은 손이 부어 있고

차를 마신다
찻물 속에는 어머니 구부렁 허리가 구부러져 있고

차를 마신다
찻물 속에는 아내의 따뜻한 눈빛이 녹아 있고

차를 마신다
찻물 속에는 지리산 골짝 산과 하늘과 땅이 녹아 있고

차를 마신다
찻물 속에는 내 안의 또 다른 내가 녹아 있고

애 지 시 선